Le Courage

Cet ouvrage a été édité avec le soutien de la SACD.

Couverture : *Sans titre* (détail), Gérard DuBois, 2012

ISBN : 978-2-7498-1382-0 – ISSN : 1636-8843

Le Courage

SIX PIÈCES COURTES

Céline Delbecq, Penda Diouf,
Julie Gilbert, Camille Laurens,
Sandie Masson, Meriem Menant

Collection des quatre-vents contemporain

Sommaire

La présentation du Courage *dans le cadre des Intrépides a eu lieu le 26 juin 2017 en avant-première au Théâtre Antoine, puis le 17 juillet 2017 au Conservatoire d'Avignon, pendant le festival, et le 17 novembre 2017 au Théâtre de Poche à Genève, en partenariat avec la Société Suisse des auteurs.*

Préface

Regards féminins

par Denise Chalem

D'ABORD, une anecdote personnelle, qui vaut ce qu'elle vaut, puisque c'est une anecdote parmi tant d'autres (que je vous épargne ici) et qu'elle est personnelle.

J'ai écrit et publié pas mal de pièces de théâtre et un jour, j'ai eu l'envie un peu saugrenue de vouloir mettre en scène un de mes textes. J'avais la chance, rare, d'avoir un directeur de théâtre qui souhaitait la programmer. Rapidement, la conversation s'est engagée sur le choix DU metteur en scène. Et si c'était moi LE, en question…? Refus. Mais refus argumenté : « Un auteur doit avoir un regard extérieur qui vient enrichir son texte. » Pas faux. « Et un regard d'homme sur un texte de femme, c'est très bien. » Pas forcément faux, non plus.

Il me propose alors deux noms, d'excellents metteurs en scène : j'acquiesce donc. Las, aucun des deux n'était disponible à la date prévue. Une pensée folle me traverse alors l'esprit. Mais même avec la meilleure volonté du monde, il me sera impossible de changer de sexe en trois petites semaines avant les répétitions... Je me reprends et suggère timidement une consœur dont j'aime le travail et à qui je confierais bien mon bébé. La réponse fuse : « Ah non, c'est idiot, si c'est une femme, autant que ce soit vous. » Comment moi ? *Quid* du regard mâle qui aurait densifié mon propos ? Il n'est plus question de cela. Il faut maintenant revoir le budget à la baisse, tant il est vrai que nous, les femmes, sommes tout de même plus économes et plus raisonnables. C'est ainsi que, par défaut, devant l'urgence et en acceptant les économies, la décision audacieuse de me laisser mettre en scène ma propre pièce fut prise. Pièce qui rencontra le succès du public et de la critique mais cela est, bien entendu, tout à fait anecdotique.

Quelques années plus tard, j'ai eu le plaisir de siéger au sein du conseil d'administration de la SACD. Méthodiquement, depuis cinq ans, nous comptons saison par saison le nombre de femmes programmées dans le spectacle vivant, l'audiovisuel ou le cinéma.

Concernant les grands festivals de théâtre soutenus par la SACD, lorsque nous soulevons le manque criant de parité, nous recevons toujours la même réponse : « On veut bien, le problème c'est qu'on n'en trouve pas. Vous en connaissez, vous ? »

C'est ainsi que Les Intrépides sont nées, il y a deux ans, au Conservatoire d'Avignon pendant le festival. S'il faut montrer la vivacité des écritures féminines et les leur mettre sous le nez, qu'à cela ne tienne !

Pour cette troisième année, la SACD a passé une commande d'écriture à six auteures sur le thème du « courage ». Merci à L'avant-scène théâtre d'être à nos côtés avec hardiesse et enthousiasme. Grâce à Stéphanie Bataille, le Théâtre Antoine s'associe à l'aventure. Je lui exprime ici toute notre gratitude. Les Intrépides seront ainsi visibles à Paris en avant-première d'Avignon et du Théâtre de Poche à Genève. L'événement grandit et s'étoffe car il est urgent de sortir des incantations et de mener des actions concrètes.

Merci à Jacques Fansten, à Pascal Rogard, à la Commission du spectacle vivant, ainsi qu'aux formidables équipes de la SACD, qui ont rendu possible ce pari.

D. C.

Issue du Conservatoire royal de Mons, Céline Delbecq est comédienne, auteure et metteuse en scène. En mars 2009, elle fonde la Compagnie de la Bête Noire pour laquelle elle crée des pièces de théâtre. Titulaire de nombreux prix, éditée chez Lansman, traduite en anglais et en espagnol, diffusée sur France Culture, Céline Delbecq a reçu des bourses pour des résidences d'écriture et de création en Belgique, en France et au Canada. Depuis janvier 2016, elle est artiste associée au CDN de Montluçon dirigé par Carole Thibaut. Elle prépare actuellement le prochain spectacle de la compagnie, Le vent souffle sur Erzebeth, *dont la création est prévue en octobre 2017.*

Céline Delbecq

Phare

Une femme

Une femme abîmée.
Une parole brute.
Un seul jet.

Une femme : Quand son cœur bat dans ses tempes.

Chez lui, c'est toujours par là que ça commence, par les tempes. Les veines gonflées, des deux côtés, qui se mettent à battre, à rebondir sur son crâne, je me dis : « Ça y est… je l'énerve. »

La mer me l'a rendu fou.

C'est impossible de ne pas devenir fou ici. Dans tous les phares, la solitude, ça pèse. L'espace, au début on en raffole et puis ça coupe le souffle. N'avoir que le vide pour horizon. Du vide à perte de vue. On devient comme ce qui nous entoure. Et ce qui nous entoure, c'est la mer. Imprévisible. Changeante.

Y a que lui pour supporter ça. Chez lui, on est gardien de phare de père en fils. Y a que lui pour y vivre. Et moi, qui l'aurais suivi n'importe où. Nos enfants. Et les coquillages qui restent collés sur la toiture quand une vague nous enterre.

C'est pas une métaphore, c'est vrai.

Parfois, la mer, ça lui prend aussi. Des vagues immenses qui cognent les parois. Même en pleine journée, notre foyer frappé par la houle. Une fois que vous êtes dedans vous ne pouvez plus en sortir. Parfois la mer aussi. Imprévisible. Changeante.

La mer frappe le foyer et son cœur bat dans ses tempes. Je le sais que ça arrive. Il est 20 h 7.

Quand je fais gronder l'alarme de porte, la peau humidifiée par le large, il est 20 h 7.
Il est là. Pas lui, *l'autre*. Raide dans l'étroitesse de la cuisine, désaxé, absent de son corps, les yeux blancs, les tempes qui battent.

« Y a un truc pas normal là
— On est en retard
— Tu sais pas lire l'heure ?
Je te parle !
On t'a pas appris à lire l'heure ?
— Benoît… on a juste sept minutes de retard
— Attends, comprends pas, qu'est-ce que tu veux dire ? c'est pas beaucoup ?
Dis-moi que sept minutes c'est pas beaucoup
Tu vas voir
Tu vas voir ce que tu vas prendre pendant sept minutes. »

La cuisine est au rez-de-chaussée, les petits n'entendront pas. Je ferme la porte pour que les petits n'entendent pas. Au bout de quatorze ans, c'est devenu un réflexe. Je ferme la porte pour boucher leurs oreilles. Pour qu'ils restent petits, les petits.

Il enclenche son chronomètre et le feu d'artifice : la houle frappe les parois, le vent de plein fouet, le ciel noir, le fracas des vagues immenses, les meubles qu'on renverse, les claques qui résonnent, la guerre dans le corps et les enfants qui pleurent à travers les portes.

J'ai pas mal. J'ai peur mais j'ai pas mal. J'ai tellement peur que je sens rien.

Demain dans le four il y aura un gratin de pommes de terre. Il peut être doux vous savez.

C'est quelqu'un de bien, tout le monde vous le dira. C'est pas lui qui me cogne, c'est un autre qui devient lui. C'est lui qui devient autre. Avec ses yeux blancs d'oiseau mort ; « il crie fort papa ». S'il me cognait avec son regard à lui, je serais partie depuis longtemps. C'est parce que c'est pas lui que je reste. C'est parce que c'est pas lui et que lui, il revient. Il revient toujours.

Et un jour, il reviendra pour de bon.

Par terre dans la cuisine, les jambes écartées dans mon sang, la tête qui a cogné sur la poignée du four – dans le four il y avait un gratin pour s'excuser d'hier – par terre dans la cuisine, je n'arrive pas à me relever.

« Benoît ? »

Il est monté.
C'est difficile, pour lui, de voir une femme baigner dans son sang.

Le vent du littoral fait claquer les fenêtres, ça résonne dans mon corps. J'ai mal. La douleur se réveille, vive et l'écume rouge autour de moi, impossible de bouger mes jambes.

« Benoît ? »

Silence.
Il répond pas. Il fait le mort.
Le pire des coups.
Son absence en pleine gueule.
Et puis,
Et puis la petite musique se met à naître…
(On entend peut-être jouer La Mort d'Orphée *de Gluck au piano.)*
… toujours la même, *La Mort d'Orphée* qu'il pianote au fond du phare comme seule réponse qu'il peut m'offrir – ça fait comme une nuée d'étourneaux autour de mon visage, qui battent des ailes pour me donner de l'air, bousculent mes pensées, me rendent confuse ; des milliards d'oiseaux qui se rassemblent et
forment
un petit corps
à côté du mien :
celui de mon mari quand il était enfant.
« Benito, c'est toi ? »

Sa mère l'appelait comme ça.
« C'est toi, Benito ? »

Il est là,
en boule derrière la porte, son corps d'enfant qui tremble, les cheveux ébouriffés, la trouille au ventre d'avoir vu la foudre de son père, pétri d'angoisse dans ce même phare qui l'a vu naître, cette même cuisine, derrière cette même porte lourde et grise d'un temps qui ne se rattrape pas !

« Benito, ne pleure pas. »
Ça se rattrape pas ! Des années de silence à voir son père cogner sa mère, son père cogner sa mère et le déluge dans son corps, comment pouvait-il grandir autrement ?

Il lève la tête et je vois ses yeux. Les mêmes yeux qu'aujourd'hui, en plus petit. Des yeux noirs apeurés. Le désastre. C'est impressionnant, le désastre. Ça vous rentre sous la peau à tout jamais.

« Excuse-moi Benito, je le sais que ça t'angoisse quand je suis en retard. »

Oui, je lui dis ça, je lui dis ça, je suis par terre dans la cuisine, le corps écrasé dans mon sang, mais je m'excuse d'avoir fait renaître sa peine jusque dans mes mirages : « Excuse-moi, je le sais qu'en sept minutes, tu as le temps d'être mort, tombé, aspiré dans la profondeur des gouffres de ton enfance. »

Car quand mon mari joue cette petite musique en haut du phare, quand j'entends frémir les premières notes du chant de l'agonie et que la brume a effacé mon corps je vous jure que, dans ces moments-là, je ne souhaite qu'une chose, c'est consoler l'enfant qui pleure.
(La musique devient silence.)
La musique s'arrête comme l'eau se glace, le tabouret du piano grince en reculant, dispa-

raissent les oiseaux et le passé – j'entends ses pas qui s'éloignent du fond du phare jusqu'à la porte de notre chambre…

Il est parti se coucher.

« Benoît ? »

Je n'arrive plus à respirer.
La plante verte sur le frigo pompe l'oxygène de la pièce Je n'en ai plus pour Je voudrais J'essaie de me relever mais je ne sens plus mes jambes Rien que du vide comme prolongement de mon corps Peut-être Peut-être qu'elles se sont détachées ? La douleur dans mon ventre est vive et l'écume rouge autour de moi s'est répandue jusqu'au bas de l'escalier C'est impossible de pas disparaître ici Dans tous les phares la solitude ça pèse On devient comme ce qui nous entoure et ce qui nous entoure c'est le vide Un ciel blanc est en train d'effacer mon corps De le transformer en vide Mes jambes ont disparu déjà Comme l'amour Comme l'horizon Il s'attaque à mon ventre Mes bras Ma tête Il ne restera demain dans la cuisine que l'écume rouge et l'odeur coupable du gratin de pommes de terre.

« Benoît ???!!! »

Il est parti se

Comment peut-il
Ceux-là, même leur sommeil il a de la force ! Ils sont capables de tout enlever de leur tête, de foutre leur culpabilité par terre dans la cuisine et de dormir profond. Ils ont le sommeil profond, ceux-là que la possession épuise !

Ça pompe des forces de mettre des bugnes, des coups de pied dans les portes, de balancer des verres et renverser des meubles ! Ça crève d'étrangler quelqu'un qui se débat, « sale pute ! », de gueuler tout le temps, d'aboyer sur ses gosses, d'inventer des menaces et de les diversifier, puis de ramper comme un ver en pleurnichant des excuses sans valeur !

Ils tombent dans le sommeil comme des pierres, ceux-là que la toute-puissance assomme ! Et ils ronflent, bien sûr, le souffle coupé devant la mort, vidés de tout, remplis d'eux-mêmes, ils ont le sommeil profond pendant qu'on crève, sans rancune et sans pitié, ils ont déjà tout oublié pourvu qu'on frotte, qu'on lave le sol, qu'on redresse les chaises, qu'on range nickel, qu'on efface tout et qu'on soit maquillées à leur réveil – car pour une fois, on est sommées de se maquiller : faudrait pas qu'ils se confrontent, ça pourrait les empêcher de dormir !

« Benoît ! »

Je hurle comme une folle la rage que fait naître en moi la solitude profonde de la mort qui m'efface :

« Benoooît !

— Chhht maman »
au milieu de mes cris, j'entends la voix de
« Arrête de crier »
mon fils.
Il est là, en haut de l'escalier, son corps d'enfant qui tremble, les yeux noirs, les cheveux ébouriffés, la trouille au ventre d'avoir entendu la foudre de son père
« Tu vas le réveiller »
des grosses larmes coulent le long de ses joues.

Un peu plus haut, le corps tordu entre les barreaux de la rampe d'escalier, ma fille est là aussi.
« Tu saignes »
avec son air colère, sourcils froncés sur des traits impassibles, du sel sur de la glace.
« T'en as mis partout, pourquoi tu frottes pas ? »

Ils sont là, elle et lui, lui et elle, les deux, comme le printemps qui entre dans la maison.

Ils descendent sur la pointe des pieds, marche par marche, habitués à la mort mais ralentis par elle, ils se rapprochent de moi, entourant de chair mes os ankylosés. Ça passe par leur corps pour entrer dans le mien. Leurs voix et mes orteils engourdis fourmillent. Leurs bouches et mes jambes me démangent. Leurs larmes pour me mettre debout.

Je suis debout sur la mer.
Sans horizon.

« T'as mal maman ?
— Ça va, non.
— Frotte alors ! Qu'est-ce que t'attends, que ça recommence ?! »

Ma fille attrape *illico* une serpillière sous l'évier, un bout de chiffon rougeâtre de ne servir qu'à ça, et se met à quatre pattes pour éponger l'écume, impassible et enragée, les yeux blancs « Frotte ! Frotte ! Frotte ! Frotte ! »

Le vent du littoral fait claquer les fenêtres, ça attire mon regard vers l'extérieur. Il faut partir. Bon sang, partir, avant que la marée nous recouvre, que la houle ne nous noie, que les vagues ne nous enterrent. Partir. Nous sauver du cycle en nous sauvant d'ici.

Une petite main s'agrippe à moi.

Partir. En passant par la fenêtre pour ne pas faire sonner le carillon. La petite alarme installée en haut de la porte pour pas qu'on l'abandonne…

Je voulais tellement qu'on y arrive. Pour moi vous savez pour moi l'amour c'est important. C'est important quand même l'amour, non ? Qu'est-ce qu'on a si on n'a pas ça ? Quelqu'un qui est là, qui vous attend.

Partir.

Je suis pas capable de soulever mes petits. Ça demande un jeu d'équilibre avec des chaises à empiler sans faire tomber, sans faire grincer, sans le réveiller. Ma fille passe d'abord avec le petit sur son dos. Puis c'est mon tour. Soulever une jambe, ça claque dans chaque brisure de mon corps. Grimper sur la chaise, la douleur grince jusqu'à ma nuque. Enfiler un pied dans l'embrasure, mon souffle se coupe. Respirer… À califourchon sur le bord de la fenêtre, je prends une pause-douleur avant de sauter et jette un dernier œil vers l'intérieur : il y a un petit garçon qui sanglote derrière la porte lourde et grise de la cuisine.

« Benito, ne pleure pas oh non Benito, je t'en supplie, je t'en supplie ne pleure pas… »

C'est difficile d'abandonner un gosse même quand la barbe a fini par traverser sa peau…

« Tu viens, maman ? »

Je saute.

Dehors la mer est calme.
Le vent qui fait claquer les fenêtres, il vient de l'intérieur.

On va encore essayer de laisser ça derrière nous. En espérant que cette fois, il n'entende pas le moteur du bateau. Il m'en a fait la promesse, pas lui, *l'autre*, il me l'a juré ses yeux blancs d'oiseau mort au fond des miens : « La prochaine fois que tu essaies de partir, je te tue. »

Penda Diouf écrit du théâtre depuis l'âge de 19 ans. Elle passe un master 2 en théâtre tout en nourrissant sa passion pour les arts vivants en travaillant dans différents centres dramatiques nationaux comme ouvreuse. Elle a écrit une dizaine de pièces, dont certaines récompensées par le CNT. Elle co-organise aussi un festival de lecture de textes de théâtre contemporain, Jeunes textes en liberté, pour valoriser les auteurs et auteures et questionner la diversité sur les plateaux de théâtre mais aussi dans les narrations. Elle anime des ateliers d'écriture et de lecture à voix haute. Penda Diouf est également directrice de bibliothèque.

Penda Diouf

La Piste

AMÉNA

AMÉNA : Qui peut me dire quand ce voyage a commencé ? Est-ce la première fois où j'ai envisagé de partir là-bas ?
Petite fille de 14 ans fan d'athlétisme, qu'on aime comparer à Marie-José Pérec, à une gazelle, une antilope et autres termes apparemment élogieux pour parler de mes jambes fines, voire maigres, que mon instructeur de l'époque, M. Pannefieu, 77 ans, se fera un devoir de gonfler, de galber, de muscler.
À moi les montées de marches au fort carré avec des sacs sur le dos sous le soleil âpre de la côte. À moi les flexions-extensions sur la piste à ciel ouvert azuré du stade d'Antibes. À moi les footings sur la plage de galets en direction

de Nice, avec les vagues comme seules accompagnatrices, discrètes observatrices de mes foulées malhabiles, de mes rêves informulés. Lausanne, Oslo, Atlanta, Tokyo, Zurich, Stuttgart, Athènes… Je ne sais pas toujours bien situer ces villes dans le monde, mais je suis chaque été, avec passion, les grands meetings, les championnats du monde ou les Jeux olympiques d'athlétisme.

Quel que soit l'horaire, impossible de ne pas suivre le 100 et le 200 m. Parce que ce sont les disciplines reines, dominées par des Afro-Américains sûrs d'eux, musclés, gainés, moulés dans leur justaucorps saillant. Il en faut peu pour la gamine de 15 ans.

Et puis il y a Frankie. Frankie Fredericks. Je ne me rappelle plus bien lorsque je l'ai vu dérouler ses foulées pour la première fois, passer le virage du 200, tenir tête aux Américains, arriver deuxième. Être sur le podium. Je ne me rappelle plus bien l'émotion de voir ce drapeau africain inconnu, bleu, vert et rouge avec ce soleil incandescent comme celui brûlant au-dessus du désert du Namib, escorté par les drapeaux américains, comme mis sous tutelle par les pays du Nord. Le drapeau volait au vent, fierté d'une nation dont je n'avais jamais auparavant entendu le nom : la Namibie.

Est-ce à ce moment que mon voyage a commencé ? Lorsque Frankie, sur la ligne de départ, réagissant à l'appel de son nom, levait la main

et saluait la foule d'un air humble, digne, sans cette arrogance tout américaine de celui qui sait qu'il va pouvoir ralentir avant la ligne d'arrivée tellement il domine la discipline. Il ne faisait pas le show, non. Il était là pour se battre. Il était là pour allonger ses jambes, pour happer la piste, pour grignoter petit à petit l'espace qui le distancerait de l'Américain Carl Lewis, du Barbadien Ato Boldon ou du Canadien Donovan Bailey. C'était gagner centimètre après centimètre son droit à monter sur le podium, même en deuxième position. C'était courir, le plus vite possible. Manger l'asphalte, gérer son souffle, entendre son cœur battre, être porté par la foule, parfois lutter contre elle. C'était rassembler son énergie, du plus lointain de son être, comme s'il n'avait vécu que pour ce moment. Est-ce l'air chaud de Windhoek, la poussière du township où tu es né qui t'ont poussé jusqu'à la ligne finale ? Est-ce là que mon voyage a commencé ?
Cours Frankie, cours. Tu es déjà champion d'Afrique. En réalisant ton rêve, tu ne fais qu'ancrer un peu plus le mien. Mais d'où vient cet homme à la peau claire qui court si vite ? Quel Africain est capable de concurrencer ses frères d'outre-Atlantique dans une discipline sur laquelle ils règnent en maîtres, laissant ainsi s'installer dans l'inconscient collectif cette image du Noir sportif qui court vite ? Basket-ball, football, base-ball, course. Il paraît que la

musculature n'est pas la même. Mais ce corps noir vient de loin, de très loin. Il a été choisi puisque seuls les plus forts étaient envoyés sur les négriers. Il a été sélectionné afin que les plus résistants supportent les conditions de vie du bateau et restent en vie pendant la traversée. Il a été forcé dans les champs de coton à Atlanta, sur les marchés aux esclaves de La Nouvelle-Orléans, lors des combats à mort de nègres mandingues. Actuellement, il se bat pour sa survie. Alors oui, ce corps ne vient pas d'aujourd'hui.

Et toi, Frankie, d'où tiens-tu ta force ? ta détermination ? ta foulée élégante et rapide, ton souffle saccadé ? cette timidité, cette gêne même d'être là, à cette place des meilleurs athlètes mondiaux ? D'où viens-tu Frankie ? D'où viens-tu pour ainsi venir affronter tes frères d'Amérique ? Quelle audace quand on vient de Namibie de vouloir un jour inscrire son empreinte dans le monde.

Je suis assise à côté du hublot, ma place favorite dans l'avion. Je ne bouge jamais de mon siège, quelle que soit la longueur du vol. Ni pour me dégourdir les jambes, ni pour aller aux toilettes. J'ai gardé de l'enfance cette habitude de me faire toute petite, quelle que soit la circonstance, de ne pas attirer l'attention sur moi. Quand on est une minorité, on doit rester à sa place. Donc je reste assise. J'attends. Je suis la seule personne noire dans l'avion. Autour, de vieux Allemands à la retraite partis faire un safari dans l'ancienne colonie. Un bout d'Allemagne en Afrique. Où il n'y aura pas d'effort à faire pour être compris. L'allemand est resté la langue officielle, cent ans après. Où il n'y aura pas d'effort à faire pour rencontrer les autochtones. En tant qu'ancien colon, on est encore un peu chez soi. Pas d'effort non plus pour la nourriture. Le meilleur apfelstrudel que j'aie mangé, lentement, en mâchant chaque bouchée, en savourant l'odeur de la cannelle, en gravant ce moment dans ma mémoire, car je le savais unique, c'était dans une station-service, dans un coin perdu de la Namibie.

Les herbes hautes et sèches défilent. Nous sommes arrivés. Frankie, j'arrive. Ne cours pas trop vite. Attends-moi.

Premier jour. Après quelques heures de conduite à peine, sous la lumière crue et implacable du ciel namibien, je roule et essaie d'éviter le monticule de sable devant moi. Trop tard… La voiture est ensablée. Il n'est pas loin de midi. Je suis dans le pays depuis à peine cinq heures. Le soleil est à son zénith et j'entre dans une zone désertique. J'ai trois tomates et une bouteille d'eau déjà bien entamée. Couchée sous la voiture, j'aplanis le sable sous la roue. Avec de l'eau. Et pas d'autre outil que mes mains. Je démarre et essaie d'avancer. En vain. Je fais du surplace et ai même l'impression de m'enfoncer davantage. L'angoisse de noyer le

moteur. J'essaie à tout hasard une marche arrière. Et recule. Je m'en sors, seule. Je sais désormais que la suite du voyage se déroulera bien. Je sais que je peux compter sur moi. Je n'ai pas peur. J'ai arpenté ce pays en voiture, à pied, seule, parfois accompagnée de Namibiens dont j'ai aujourd'hui oublié le nom. Cette maman avec son nourrisson que j'ai accompagnée à l'hôpital à plus de 200 km de l'endroit où elle faisait du stop. Elle parlait quelques mots d'anglais. Son fils était malade, avait de la fièvre. Rencontres fugaces au détour d'une route, regards partagés, ombres diffuses en bord de piste dont on ne sait s'il s'agit d'un arbre centenaire, d'un mirage ou d'une personne attendant patiemment qu'un conducteur s'arrête.
« *Hi. Where are you going?* »
Sourires. Sourires.
Et cette grand-mère que j'ai accompagnée en voiture à 400 km du village dont elle était originaire. Impossible de communiquer avec elle. Nos langues ne sont pas communes. Elle dodeline de la tête à côté de moi en écoutant la musique du poste de radio. Parfois, je vois sa tête, alourdie, tomber en arrière et entends un léger sifflement échapper de ses lèvres alanguies. Elle dort. Elle dort pendant qu'une étrangère la conduit. Elle, qui s'abandonne, complètement. Moi, qu'elle ne connaît que depuis une heure à peine et avec qui elle n'a échangé aucun mot. Elle se sent suffisamment

en confiance pour s'endormir à mes côtés. Cadeau. Cadeau du ciel.
Parc d'Etosha, l'une des plus grandes réserves animalières du monde. Je ne dors pas. Enveloppée dans un plaid, car les nuits namibiennes sont froides à cette époque de l'année, je suis installée autour du point d'eau et attends. Des animaux, girafes, zèbres, oryx viennent se désaltérer. Un homme s'installe à côté de moi, en me saluant en anglais. Il s'appelle Gerson, est guide et s'exprime aussi en français. Quelle étrangeté de parler français en pleine nuit en Namibie, avec un homme que l'on vient de rencontrer et qui vous recommande de patienter car des lions sont susceptibles de venir s'abreuver. Quel étonnement d'apprendre que Gerson a passé quelques jours en France, lorsqu'il chantait pour la chorale de son école. Et que la seule ville où il a chanté est Dijon. Ville de ma naissance. Comment interpréter ces signes, sinon qu'à cet instant, je me sens parfaitement à ma place, sur la droite ligne de mon chemin de vie ? Ce soir-là, onze lions sont venus s'abreuver au point d'eau.
J'ai dormi sous ma tente Quechua, en période de fin de saison des pluies, dans des campings improbables. Seule touriste à venir à cette époque de l'année. Seule femme à me risquer ainsi sur les routes. Seule femme noire à voyager de la sorte, de mémoire de Namibien. J'ai entendu un troupeau d'éléphants, j'ai senti la

terre trembler à leur passage. J'ai été bercée par leur barrissement, comme des prières adressées au monde, à la terre, aux ancêtres. Quand est-ce que ce voyage a commencé ? Lorsque je suis allée à la bibliothèque chercher des informations sur la Namibie ? Apprendre que le désert du Namib était le plus ancien du monde mais que l'indépendance du pays était toute récente. 1990. Date de la sortie de prison de Nelson Mandela. La Namibie a été allemande de 1884 à 1915. De cette période sont restés la religion protestante, les temples, protestants également, une langue officielle, l'allemand, que nombre de mes amis namibiens se refusent à parler encore aujourd'hui. De même que l'afrikaans, vestige d'une autre colonisation. Sait-on que la Namibie a été le lieu du premier génocide de l'histoire du XXe siècle ? Bien avant la Shoah exterminant les deux tiers des Juifs d'Europe. Heinrich Göring était gouverneur du Sud-Ouest africain jusqu'en 1890. La Namibie en faisait partie. Il est le père d'Hermann Göring, commandant en chef de la Luftwaffe sous le régime nazi. C'est à son départ que sont créés les premiers camps de concentration. Sur le territoire africain. Pourquoi personne n'en parle aujourd'hui ? Soixante-quinze pour cent de la population herero et cinquante pour cent de la population nama ont été tués, sciemment, méthodiquement, pendant cette période. Qui parle d'eux ? Qui répare ? Qui ? Qui raconte ?

Qui ? Qui raconte les crânes des guerriers hereros et namas, envoyés à Berlin pour que les scientifiques puissent justifier de l'existence de races et de la supériorité de la race blanche sur les autres ? Il reste plus de trois cents crânes dans les musées berlinois. Crânes qu'une historienne namibienne, Memory Biwa, professeure à l'université de Cape Town en Afrique du Sud, cherche à rapatrier. Les ramener chez eux, enfin. Leur offrir une sépulture. Enfin. Organiser des funérailles et leur rendre les hommages qui leur sont dus. Enfin. Il semblerait que la Shoah ait des racines dans le Sud-Ouest africain.

Est-ce cette histoire qui m'a le plus marquée, ou celle de l'apartheid, puisque, à partir de 1915, du départ des Allemands jusqu'en 1990, la Namibie est occupée, annexée, colonisée par l'Afrique du Sud, pays raciste et ségrégationniste. Les mêmes lois s'y appliquent. Il m'arrive durant mon voyage de voir des pancartes décrépites, douloureux rappel historique où certains lieux étaient « *White only* » ou « *Black only* ».

Qu'est-ce qui m'a finalement décidée à partir en Namibie ? Est-ce qu'il s'agit de cette fin d'année 2010 où mon ami de l'époque mettait un terme à dix années de vie commune et où cette décision, jointe à des fragilités héritées de l'enfance, de la condition de femme noire, en France, me conduirait finalement à une dépression, des tentatives de suicide et à

plus d'un mois d'hospitalisation dans l'ancienne demeure, certes provisoire, d'Antonin Artaud, rue Sainte-Anne ? Me suis-je dit qu'avant de mourir je devais réaliser ce rêve, partir seule dans ce pays que personne ne connaît, si vieux et si jeune à la fois ? Est-ce là que ce voyage a commencé ?
Ou bien était-ce plus tôt encore ? Le 18 septembre 1981, à l'hôpital du Bocage à Dijon. Bébé aux narines bouchées qui ne pouvait pas respirer. Dont le cœur s'est arrêté. Réanimé. Mis en couveuse. Attaché. Est-ce pour ça que je ne tiens pas en place ? Ces premiers jours, pieds et poings liés ? Ma mère aime me raconter que mes pieds pédalaient, comme sur un vélo. Pour partir loin. Loin. Là où mon passeport me permettrait d'aller. Là où mes privilèges de femme élevée au nord, en Occident, me porteraient. Il me semblait par moments être un ovni en Namibie. Ni vraiment femme, car je voyageais seule. Ni vraiment noire, car j'avais les moyens de voyager. Souvent, lorsque je rentrais après plusieurs nuits de camping, dans un hôtel, dormir dans un vrai lit et détendre mon dos fatigué par les heures de conduite, j'entendais les regards me dire que je n'avais pas emprunté la bonne porte. J'avais emprunté celle dédiée aux clients, pas celle dédiée au personnel. Je ne les ai jamais entendus dire ouvertement quoi que ce soit, mais je l'ai ressenti très fort. Mémoire du corps. Et mon passeport était ma

garantie. J'étais française, une cliente. J'avais donc le droit de voyager, de profiter de la sublime vue de ma chambre sur Walvis Bay, la ville la plus riche du pays. Pour les Noirs de Namibie, il me semble qu'il en est encore tout autrement.

J'ai ce souvenir très net d'avoir dansé à Twyfelfontein en pleine nuit sous la voûte étoilée. Un appel de mes parents m'apprend que François Hollande a été élu. Ils me parlent de la Bastille, de rassemblements spontanés, d'espoir. Je m'endors sereine, rêvant de meilleurs lendemains.

Souvent, lorsque j'arrivais à destination, dans le camping ou l'hôtel que j'avais réservé depuis la France des mois auparavant, on me demandait où étaient les autres personnes.

« *No, I am alone.*

— *Alone?* »

Après sept heures dans le désert namibien ? *Alone?* Et le passage du col le plus dangereux de Namibie ? *Alone?*

J'ai appris par la suite que de nombreuses personnes mouraient en voiture au passage de ce col. Je suis heureuse de ne pas l'avoir su avant sa traversée.

« *You are a brave woman.* »

C'est souvent comme ça que j'étais accueillie. « Brave »... D'autres l'ont été avant moi. Je n'ai fait que porter mes pas dans ceux de Frankie, sans jamais le rattraper, dans ce même élan de vie que j'avais bébé, dans la couveuse. Me battre pour respirer, me mettre debout, marcher, marcher, aussi loin que mes jambes pourraient me porter.

Windhoek, Waterberg, Etosha, Epupa, Sesfontein, Palmwag, Twyfelfontein, Terrace Bay, la Skeleton Coast, Walvis Bay, Naukluft, Sesriem, Big Mama, deuxième dune la plus haute du monde, Keetmanshop, Mariental, Windhoek. J'ai fait mon tour de piste mais suis loin d'avoir terminé le voyage.

Julie Gilbert est auteure et scénariste. Après avoir vécu dans différentes grandes villes du continent américain, elle habite actuellement Genève. Elle écrit pour le théâtre : Nos roses, ces putains, Les 13 de B., My Swiss Tour, Outrages ordinaires, Paradise Now!, Carnet de travail *(pièces pour lesquelles elle est trois fois lauréate du prix SSA, bénéficie des bourses Textes-en-scènes et Pro Helvetia) et pour le cinéma :* La vraie vie est ailleurs, Mangrove, Désert, *autant de textes traversés par la question de l'exil et de l'identité. Julie Gilbert a été auteure associée des Théâtre Saint-Gervais et du Grütli à Genève. Elle mène aussi des performances,* Sexy Girl, Droit de vote, *interrogeant notamment la place des femmes dans la société et crée les* Poèmes téléphoniques, *comme une possible résistance poétique.*

À Yasmine Motarjemi

Julie Gilbert

J'aurais préféré avoir un flingue braqué sur ma tempe

Femme

Femme : Ça va aller
Tu as juste envie de te suicider mais ça va
Tu as juste envie de dire : « Je me balancerais bien par la fenêtre »
Mais ça va
Tu tiens bon
Tu dois tenir
Tu remets en place ta jupe-tailleur de féminin non voyant
Tu bouges doucement tes paupières discrètement fardées de bleu
Et tu souris
Alors que tout s'écroule
Alors que tu aimerais bien disparaître un petit moment

Ne pas être en tête de proue
Ne pas être sur le pont
Putain, si c'est ça le courage
Oui tu préférerais être côté passager
Et t'enfourner des plats réchauffés, bourrés de E110
Mais tu as des valeurs
C'est plus trop tendance les valeurs
Mais tu as des valeurs
Tu crois au sens des mots
Tu crois à une certaine éthique
Tu es vraiment conne d'y croire encore
Mais c'est plus fort que toi
Tu y crois
Tu as été élevée comme ça
Avec des valeurs
Avec une colonne vertébrale
Et c'est avec ça que tu es montée en grade
En faisant attention, parce que tu es une femme
De n'être promue ni trop vite, ni trop glorieusement
En prenant soin, parce que tu es une femme, d'être irréprochable
Tu as tout donné
Ton cœur
Tes tripes
Ton âme
Même ton accouchement
Tu as accouché bien sagement à 41 ans par césarienne pendant les vacances de Noël
Pendant tes congés

Tu as fait ton travail
Tu as toujours fait ton travail
Depuis que tu travailles tu n'as jamais fait autre chose que ton travail
Tu as travaillé sans relâche à travailler
Te lever le matin
Arriver à l'heure
Arriver plus qu'à l'heure
Plus plus qu'à l'heure
En avance sur ton avance
Tu as fait les week-ends de team building
Déguisée en lapin
En clown
En Ranger
En fée Clochette
Tu as dégainé ton pistolet de paintball
Tu as déployé tes talents
Tu n'as pas hésité à ramper
À te couvrir de boue pour surprendre ton adversaire
Tu as tenu en joue cette pauvre RH, complètement dépassée
Tremblante au milieu de la forêt
Paniquée dans son treillis militaire
Pissant dans sa culotte
Tu l'as tenue en joue
Tu l'as obligée à mourir
À s'agenouiller devant toi
À comprendre que tu étais la boss
C'est le jeu
C'est tout

Rien de personnel
C'est juste le jeu
Et quand ils ont tous été à terre, avec leur petite lumière rouge
Qu'ils étaient tous bien morts
Tu as partagé cette bonne grosse fondue dans le chalet loué par la Société
Une bonne grosse fondue rassembleuse
C'était beau de vous voir tous les managers, les joues en feu, rouges d'excitation, autour de cette bonne grosse fondue
Oui tu es comme ça
Tu t'es toujours tenue droite
Oui, tu es une fille courageuse
Tu es une fille et tu es courageuse
Tu es comme ça
C'est pour ça que tu es devenue Number One de la sécurité alimentaire
Grâce à ton courage
Ton obstination
Ton opiniâtreté
C'est pour ça que tu es devenue la colonne vertébrale de la Société
Tu es la bonne fée de la Société qui dit que tout va bien
Que les produits de la Société répondent aux normes de l'Organisation mondiale de la santé
Tu fais éclater les petites bulles de bonheur autour des visages de bébé Cadum
Et ils sont fiers de toi
Ils sont très fiers de toi

Et toi aussi tu es fière de toi
Et tu aurais dû rester Number One
Tu aurais pu, si tu ne t'étais pas mise à fouiner
À interroger
À décortiquer les composants
Tu as lutté pour obtenir les chiffres
Toi, la Food Safety Manager, tu as dû batailler pour obtenir toutes les données
Personne ne te transmettait les plaintes des consommatrices
Des biscuits trop dosés en vitamines
Des biscuits trop friables
Des bébés qui s'étouffent
Des bébés qui meurent étouffés par vos biscuits
Tu n'as pas compris
Tu es Food Safety Manager ou tu n'es pas Food Safety Manager ?
Tu as rédigé des circulaires
Tu as alerté ta Direction
Pour le bien de la Société
Tu as donné des indications
Ça sert à ça les Food Safety Managers
Pas juste à tamponner
À donner du oui
Et des galons et des rubans
C'est être l'œil du dedans
Enfin, c'est ce que tu crois
Parce que tu crois à ton travail
Ça te semble la chose la plus importante
Que ta Société vende des produits irréprochables

Que les bébés du monde entier ingurgitent des aliments qui les rendront forts et intelligents
Tu crois à ce miracle-là de la science
Tu crois à l'innovation
Tu crois à la modernité
Et tu continues ta croisade
Tu continues à alerter
Ton boulot, c'est la sécurité
Tu penses que c'est ça ton boulot
Tu ignores les notes de service où on te demande de laisser tomber certains dossiers
Tu ignores les documents anonymes qui surgissent sur ton bureau
Tu ignores les lettres de menaces
Tu es Food Safety Manager
C'est ton boulot d'alerter
Mais on te retire certains membres de ton équipe
On donne de nouvelles tâches à tes collaborateurs
On transfère certains de tes projets à d'autres services « pour alléger ton cahier des charges »
On « oublie » de t'inviter aux réunions sur la sécurité alimentaire
C'est pas grave
Tu te dis que ce n'est pas grave
Tu te dis que c'est juste circonstanciel
Que la Société traverse une crise
Que c'est normal
On ne te sollicite plus pour participer aux conférences
Tu ne t'inquiètes pas

Tu sais que ce que tu fais est juste
Tu es Food Safety Manager

Mais maintenant tu aurais préféré avoir un flingue braqué sur ta tempe
Tu aurais vraiment préféré avoir un flingue braqué sur ta tempe
Plutôt que tout ce silence qui s'est brusquement abattu sur toi
Sentir ta cervelle gicler
Être démembrée
Tranchée à coups de sabre
Couler
Baigner dans le sang
Cartilages infiltrés dans le parquet
Parce que même ça ils ne le font pas
Braquer un flingue sur ta tempe
Ils n'ont même plus besoin de le faire
Ça ne fait plus partie du concept
Du plan de management
Tu as intérêt à gérer toi-même ta propre mort
Et à ne pas venir les faire chier avec tes problèmes existentiels
Alors qu'ils ont déjà toute l'entreprise à gérer
Que déjà ce n'est pas facile pour eux d'être directeurs
D'être managers
D'être à la tête
Que déjà toute la journée ils doivent prendre des décisions
Que du matin au soir et du soir au matin

Ils doivent faire face
Subir des pressions
Tenir la barre
Être forts et brillants
Faire reluire l'entreprise
Alors si tu pouvais ne pas interférer avec tes problèmes personnels
Avec tes émotions à fleur de peau
Ta sensibilité de femme qui déborde de ton soutien-gorge
Ton côté Jeanne d'Arc
Si tu pouvais te tenir
Comme tout le monde le fait
Comme tout le monde ne cesse de le faire
Et toi-même comme tu l'as fait jusqu'à maintenant
Au lieu de vouloir /
Depuis quand on prend à partie quelqu'un de la Direction au milieu du couloir ?
Alors qu'il a peut-être tellement besoin d'aller pisser ?
Et toi tu le prends à partie
Tu lui demandes des comptes
Alors qu'il a tellement envie d'aller boire un café
Et toi tu l'assailles
Tu l'assailles parce que ça fait des jours que personne ne te répond
Que plus personne de la hiérarchie ne te répond
Qu'absolument plus personne de la hiérarchie ne te répond

Tu écris et personne ne te répond
Tu écris encore et personne personne ne te répond
Tu écris à des collègues avec qui tu mangeais à midi
Tu écris à des collègues avec qui tu faisais du fitness
Tu écris à des collègues qui travaillent avec toi depuis dix ans, qui faisaient partie de ton équipe
Tu écris à des collègues dont tu peux voir le bureau depuis ta place de travail
Mais peut-être que tu n'as plus le bon e-mail ?
Peut-être qu'ils ont changé d'adresse ?
Tu t'empêches d'envoyer des photos de bites
Juste pour voir ce que ça ferait
Si toi, la Food Safety Manager, toi, tu te mettais à envoyer des gros fucks sur les e-mails de tes collègues
Mais tu ne le fais pas
Tu ne le fais pas encore
Et tu as raison de ne pas le faire
Car si tu le faisais ça leur donnerait une bonne raison de demander une expertise psychiatrique
Et alors ils empileraient dans le dossier portant ton nom tous ces e-mails de fucks et de bites
Et ça serait alors tellement facile de te licencier
De dire que tu es folle
Que tu as pété un plomb
Que toutes tes déclarations sur l'entreprise ont été faites dans une crise maniaco-dépressive
Que tu ne le pensais pas

Que tu as juste beaucoup de problèmes personnels
De gros gros problèmes personnels
Alors tu restes dans ton bureau
Tu restes devant ton ordinateur
Même si ton téléphone ne sonne plus
Même si aucun collègue ne passe plus la porte de ton bureau
Même si aucune circulaire, aucun dossier n'arrive plus sur ton bureau
Ta messagerie e-mail se remplit d'annonces publicitaires
Et tu te retrouves à cliquer sur les offres promotionnelles de KLM, Interflora, et même de voyantes extralucides
Tu te dis : « Je ne veux pas crever pour eux »
Mais tu vois bien que tu crèves déjà
Que tu es grillée
Qu'ils ont fait de toi une loque
Que tu dors avec l'entreprise
Que tu manges avec l'entreprise
Que tu chies avec l'entreprise
Que tu as beau te bourrer de calmants
Planter et planter des nouvelles fleurs dans ton jardin
Ça continue à cisailler ta tête, la moindre parcelle de ton cerveau
Que même si tu ne le veux pas
Tu te sens coupable
Que même si tu as raison
Que tous les faits te donnent raison

Tu n'aurais pas un petit peu exagéré tout ça ?
Ça ne serait quand même pas un peu ta faute si tu es dans cette situation ?
Alors que tu aurais pu bien tranquillement continuer à faire ce qu'on te demandait et profiter de la vie ?
Et ton corps brûle de ne pas dormir
Tu voudrais juste que ça n'existe plus, que tes yeux se ferment
Parce que même si tu te démènes
Même si tu alertes la presse, les politiques, les associations
Même si tu fais résonner au grand jour la vérité
Même si tu as mis tes pas dans ceux d'Edward Snowden ou de Stéphanie Gibaud
Tu es une loque
Et tu vas juste te traîner du côté des loques
Des ratés
Et que même si tu as raison
Tu as perdu
Et que même si tes ex-collègues, des délégués d'autres filiales te disent que tu es vraiment courageuse
En public tu es seule
Seule
Absolument seule
On se détourne de toi
On t'évite
Ils te vident
Ils te désossent
Ils te liquident

Ils te font disparaître des listes, des organigrammes
Ils rayent ton nom des communiqués
Ils te remisent
Te soldent de tout compte
Tu es devenue complètement invisible
Complètement complètement invisible
Tu pourrais te traîner nue dans les couloirs de l'entreprise
Tu pourrais t'épiler le sexe sur le bureau du directeur
Tu es morte
Parce que aujourd'hui ton combat est complètement has been
Parce qu'on n'en a plus rien à foutre du courage
Le courage c'est fini
Il faut te réveiller ma chérie
Zorro, Zapata, le Che, on n'en a plus rien à foutre
Ce qui compte c'est que ça roule
Ce qui compte c'est l'émotion
Ce qui compte c'est que ça continue à rouler
À grands coups de dents blanches et de paillettes
Alors oui, tu peux mettre tes escarpins
Tu peux encore mettre tes escarpins
Tu es bien capable de mettre encore tes escarpins
Ta chair morte peut encore porter des vestes cintrées, des chemisiers
Ta chair morte peut encore avoir les ongles peints

Et tu peux traîner ta chair morte dans ta voiture de sport, dans le parking de la Société et garer ta chair morte et prendre l'ascenseur et ta chair morte se tient dans l'ascenseur avec un rouge à lèvres sur les lèvres mortes et ta bouche, ta bouche peut encore boire du café chaud brûlant de la machine Nespresso du bureau et tu peux le boire, le liquide peut traverser ton œsophage et tu peux encore ouvrir ton bureau, le petit bureau dans lequel ils t'ont déplacée, à côté des toilettes, et tu peux encore t'asseoir derrière ta table de travail
Tu peux

Maintenant tu regardes la lumière, le mouvement de la lumière sur ta table, des heures tu regardes la lumière sur ton bureau, des heures et des heures, tu regardes la lumière, les ombres de l'arbre sur ton bureau
Et oui tu aurais préféré avoir un flingue braqué sur ta tempe
Parce que au moins leur volonté de te faire mourir aurait donné à ton combat un héroïsme
Parce que au moins avant de mourir tu aurais été vivante

Camille Laurens est l'auteure de deux récits, dont Philippe *(1995), et de neuf romans, parmi lesquels* Dans ces bras-là *(prix Femina 2000),* Ni toi ni moi *(2006),* Romance nerveuse *(2010), tous publiés chez Gallimard. Son dernier roman,* Celle que vous croyez *(2016), est en cours d'adaptation à l'écran et à la scène. Elle a aussi écrit plusieurs textes pour le théâtre, notamment* Eurydice ou l'Homme de dos *(L'avant-scène théâtre, 2012). Ses essais portent sur la langue (*Quelques-uns, *1999,* Le Grain des mots, *2003), les femmes (*Les Fiancées du diable, *2011) ou la figure de la répétition (*Encore et jamais, *2013). Son prochain ouvrage, consacré à* La Petite Danseuse de 14 ans *de Degas, paraîtra à l'automne 2017. Elle est traduite dans plus de trente pays.*

Camille Laurens

La Scène

UNE FEMME

UNE FEMME : Moi, ce train-là, je le prends tous les jours, vous comprenez, j'ai une heure de trajet, alors je suis organisée, j'ai toujours un livre avec moi. C'est mon temps de lecture, j'aime bien, ça me détend. C'est pour ça, je lisais, je ne me souviens pas bien. Le train avait du retard, ça arrive souvent sur cette ligne, quand les rames sont bondées on est debout, ce n'est pas pratique. Avec un livre, l'attente passe plus vite, surtout assise – j'étais assise, il n'y avait pas grand monde sur le quai, c'est pour ça, j'étais plongée dans ma lecture. C'était un polar, en plus, j'étais absorbée, moi un thriller ça peut me faire rater mon train, j'adore.

Si j'ai entendu qu'ils se disputaient, les deux ? Oui. Mais pas tout de suite, sûrement, puisque je lisais – c'est ce que je vous explique. Et puis je n'étais pas juste à côté d'eux. Je n'ai pas assisté à l'escalade, sinon j'aurais peut-être réagi, j'aurais compris que ça dégénérait. Là, quand j'ai relevé la tête, il la traitait de connasse, de pauvre conne, il criait, mais bon, rien de particulier, elle criait aussi, elle lui disait d'arrêter, de la laisser, enfin la dispute classique, quoi ! Non, je n'ai pas eu l'idée d'intervenir, jamais de la vie. S'il fallait se mêler de toutes les scènes de ménage, je serais toujours fourrée chez mes voisins ! Avec les enfants, c'est pareil. Les mots dépassent la pensée, on dit n'importe quoi, on pousse un coup de gueule, et finalement ça passe. Et puis les gens ont droit à une vie privée, non ?
Là c'était sur le quai, d'accord c'est l'espace public, je suis d'accord avec vous, ça ne devrait pas arriver. Mais les gens sont tellement mal élevés, ils jettent des papiers par terre, ils mettent leurs pieds sur les sièges, ils parlent fort au téléphone – l'autre jour il y avait un type dans le wagon, je vous jure, il racontait sa vie, comment il draguait, comment sa meuf était chiante, c'était dingue, tout le monde en profitait, eh bien personne ne lui a rien dit. On s'est habitués à l'impolitesse, à l'incivilité, c'est ça non ? Les gens écoutent la radio à fond dans le train, ils hurlent, ils s'injurient, c'est devenu

normal, on ne fait plus attention. Même quand c'est nous qu'on injurie, on fait semblant de ne pas entendre, les alcoolos SDF qui me traitent de pute quand je ne leur donne rien, les jeunes en bande qui me disent que je suis bonne ou que je suis moche, ça fait partie du voyage, pour ainsi dire. Vous ne prenez jamais le RER, vous ? Enfin, vous êtes un homme, vous avez moins de problèmes, sûrement.
Féministe, ce n'est peut-être pas le mot – c'est démodé, le féminisme, non ? Les femmes ont conquis leur liberté, je crois. Plus ou moins. Pourquoi cette question ? Est-ce que vous m'auriez demandé ça si ç'avait été l'homme qui se faisait injurier ? Imaginons un homme qui se ferait traiter de connard, de pauvre con, de déchet par une femme – pardon ? Oui, je crois qu'il lui a dit qu'elle était un déchet, enfin je n'entendais pas bien, j'étais loin – eh bien, si c'était l'homme qui se faisait insulter, vous me demanderiez si je suis féministe ? Vous voyez bien, il n'y a pas d'égalité, en vrai. Pourquoi je serais intervenue ? Par solidarité féminine ? Vous croyez que je ne me suis jamais fait traiter de conne dans ma vie ? Est-ce que quelqu'un est venu à mon secours chaque fois que mon père m'a traitée de pouffiasse et mon mari de salope ? Elle n'avait pas l'air de demander de l'aide, d'ailleurs. Nous les femmes, on n'est plus à ça près, vous savez. On a l'habitude. C'est terrible, je suis d'accord, mais bon, on n'en meurt pas.

Non, je ne crois pas qu'il lui ait fait mal. C'étaient des mots, des mots blessants, mais sans plus. Ah bon ? Non, je n'ai pas vu. J'ai dû monter dans le train avant… Je ne me souviens pas. Il lui a peut-être pris le bras, c'est possible, c'est possible qu'elle ait crié : « Lâche-moi », je n'ai pas dû entendre, avec le bruit du train qui arrivait. « Au secours », non, je suis formelle. Mais ça va, elle va bien ? Qu'est-ce qui s'est passé ? Rien de grave ? Bon, voilà, c'est ce que j'ai pensé, on voyait bien que c'était juste une petite querelle d'amoureux. Ç'aurait été pire si j'étais intervenue, j'en suis sûre, les hommes ont leur honneur, ils n'aiment pas qu'on leur fasse la leçon. Il vaut mieux les laisser régler leurs comptes tout seuls. Je vous dis, j'ai pensé qu'ils étaient mariés, que ça ne me regardait pas.
Non, c'est pas ça, je ne veux pas dire que le mariage donne le droit d'être violent, mais quand même, ils se connaissaient, ce n'est pas comme si un inconnu s'en était pris à elle. Je me serais inquiétée davantage. Tandis que là, c'étaient leurs affaires. Je respecte l'intimité, voilà. Moi d'ailleurs, à sa place, j'aurais eu une autre attitude. Elle mettait de l'huile sur le feu en criant aussi fort que lui, elle avait l'air hystérique, ça tapait sur les nerfs, et vu l'état d'énervement du type, elle aurait mieux fait de s'écraser.
Elle est tombée par terre ? Ah non non, là je suis sûre que non. Qu'il lui ait un peu secoué le

bras, je veux bien, mais il ne l'a pas poussée. Plus tard, peut-être, alors, je ne sais pas, après mon départ. Comment ? Vous avez une vidéo ? C'est les caméras du quai, c'est ça ? « Souriez, vous êtes filmée ! » Quand je vous disais qu'il n'y a plus de vie privée… Vous êtes sûr que c'est moi ? Je suis habillée comment ? Parce que des femmes qui lisent dans le RER, il y en a plein. Presque autant que de couples qui se disputent. Ah oui, bon, je veux bien. Montrez-moi, OK.
(Silence. Elle regarde droit devant elle, son visage exprime des émotions successives – gêne, peur, pitié, honte – ou au contraire reste impassible tandis qu'elle visionne la vidéo.)
Oui, c'est bien moi. Ça me fait bizarre de me voir. Je reconnais que mes souvenirs étaient inexacts. C'est drôle, la mémoire. C'est comme dans les polars finalement, les témoins ne sont pas fiables. Là, franchement, le mec est violent, la scène me choque, oui, c'est brutal, mais j'ai l'impression de la voir au ralenti, alors que dans la réalité c'est allé très vite, je n'ai pas eu le temps de réagir. D'ailleurs si vous regardez bien, j'ai l'air hagarde, comme si mon cerveau n'imprimait pas. Je n'ai pas vraiment compris, je crois. Mais finalement elle n'a rien eu de grave, ou si ? Vous avez la vidéo complète ? Il lui a tapé dessus ?… Mais il y avait deux hommes un peu plus loin sur le quai, vous les avez vus, non ? Ils tournaient la tête vers le couple, c'était très clair qu'ils les avaient vus et pourtant ils n'ont pas bougé, ils ont même recommencé à

discuter. Qu'est-ce que je pouvais faire, moi ? C'était à eux d'intervenir, non ? Ils étaient deux, et c'étaient des hommes. Ils l'auraient maîtrisé en moins de deux, tandis que moi... Je ne me sentais pas de taille, de toute façon. Vous avez vu le gabarit du type ? Et sa tête, surtout : il a l'air fou. Fou furieux. Qu'est-ce que je pouvais faire ?

Oui, c'est sûr, j'aurais pu appeler du secours. Mais je n'ai pas vu d'alarme sur le quai – il y en a une ? Et mon téléphone ne passait pas, on ne capte pas du tout le réseau dans cette station. Non, je n'ai pas essayé, mais parce que je le sais. Et puis j'avais peur qu'il s'en prenne à moi s'il me voyait en train de téléphoner à la police. Ce genre de dingue est capable de tout. J'ai bien pensé à me rapprocher de la tête de station pour alerter le conducteur quand le train serait à quai. Mais il est arrivé à ce moment-là, je suis montée dedans, et on est repartis. C'est allé si vite ! Dans le wagon, j'y ai repensé, ça m'avait secouée, je n'arrivais pas à lire. Mais je me suis dit que parmi les gens qui étaient descendus à la station, il y en avait bien un qui avait dû s'interposer.

Je ne pouvais pas prendre le train suivant. Ça non. Impossible. Mon mari garde les enfants le soir jusqu'à mon retour – il a perdu son travail l'an dernier –, et comme il s'énerve tout de suite, les enfants ont peur de lui, oh il n'est pas méchant mais le ton monte vite, il leur met facilement des claques. Alors je suis toujours pressée de rentrer pour éviter que ça dégénère. Je le tempère. L'équilibre, dans un couple, c'est important. Je suis l'élément modérateur. Mais qu'est-ce que vous cherchez, au juste ?

Non !!! Attendez… C'est une blague ? Des comédiens ? Une mise en scène ? Ce n'était pas un vrai couple ? Ils ne se disputaient pas pour de vrai ? Qu'est-ce que c'est que cette histoire ? C'est pour *Caméra cachée* ?
Une étude sociologique ? Vous avez monté cette comédie pour observer mes réactions ? Mais vous m'avez prise pour un cobaye, alors ! Oui, je me doute bien que je ne suis pas la seule, mais ça ne me réconforte pas, figurez-vous. C'est quoi, le but de l'expérience ? Montrer qu'on est des lâches ? C'est surtout vous qui êtes lâche, caché derrière votre caméra. Vous m'avez manipulée ! Vous m'humiliez ! Je me sens nulle. C'est dégueulasse. En plus, vous prenez un acteur qui doit peser dans les 100 kg, j'en fais 48 ! Vous espériez quoi, dans votre idéal féministe de merde ? Que je lui saute à la gorge ? Je voudrais vous y voir. Venez vous mettre dans ma peau, pour faire l'essai. J'ai eu peur, voilà. Vous voulez que je le dise, je le dis. Je le crie, même, je le hurle, si vous y tenez. Où est la caméra ? J'AI EU PEUR. CQFD. Peur de prendre un mauvais coup. Peur de ne pas revoir mes

enfants. Comme elle. Elle qui jouait si bien la peur. Votre actrice. Sauf que moi, j'avais peur en vrai. Comme tous les jours, comme tous les soirs, comme toujours. J'ai peur. Et pourtant je prends le métro, je travaille, je sors. Je fais attention à ce que je dis, à ce que je fais, à ce que je porte. J'ai peur de répondre à mon patron, j'ai peur de mettre une minijupe, j'ai peur de sourire à mon voisin – je lis, c'est pour ça, au moins comme ça j'ai les yeux baissés. Vivre inaperçue, c'est la condition de mon existence, vous comprenez ? Alors une femme menacée, dites-vous ? J'aurais pu, j'aurais dû prendre la défense d'une femme menacée ? Mais une femme menacée, c'est un pléonasme, monsieur le sociologue ! Toutes les femmes vivent sous la menace. C'est leur habitus ! Alors voilà, je suis une femme ordinaire, CQFD – une femme ordinaire, c'est-à-dire quelqu'un qui a le courage de vivre en ayant toujours peur de mourir. Vivre lâchement, c'est mon héroïsme. Maintenant, laissez-moi, j'ai mon train à prendre.

Comédienne, auteure, chanteuse et musicienne, Sandie Masson se compose une histoire créative et scénique hétéroclite. Après avoir parcouru le répertoire classique (Tchekhov, Musset, Voltaire, Molière…), sa rencontre avec Corinne et Gilles Bénizio (alias Shirley et Dino) l'a conduite à s'affirmer artistiquement dans le registre de l'humour, du décalage et de la dérision, et à écrire Mademoiselle Masson, *mise en scène par Adrien de Van, premier volet de seuls-en-scène.* Annabelle M., une histoire sans faim *mise en scène par Agnès Boury est pour l'instant le dernier opus de cette aventure. Sandie Masson ne délaisse pas pour autant l'image et joue dans les films* Indésirables *de Philippe Barassat,* Une simple formalité *de Loïc Nicoloff,* No Limit *de David Morley…*

Sandie Masson

Brisures

LA MÈRE, *70 ans*
LA FILLE, *la quarantaine*

Une femme seule, devant la télé allumée.

LA MÈRE : J'ai rien à lui dire. Elle m'observe, me renvoie tout ce que j'ai pas réussi à faire, je vois pas comment on pourrait être amies toutes les deux. Qui l'a invitée ? Aucun souvenir. Une ennemie dans le salon, ils vont s'acharner encore longtemps ?! Comment voulez-vous que je me remette. Je l'éteins jamais, elle me bouffe la salope ! J'ai besoin de calme… Il s'est passé trop de choses… *(Elle se dirige vers la porte et l'ouvre.)* Bonjour, vous êtes ? Ah oui pardon, une fille. Si je me concentre un peu mieux, la mienne.

LA FILLE : Commence pas, je suis venue fêter ton anniversaire.

La Mère : La dernière fois que je t'ai vue c'était dans une pub alors t'étonne pas ! Qu'est-ce que t'étais mal coiffée et attifée faut voir... J'avais commandé une star, pas une vendeuse de voitures !

La Fille : Je fais mon métier comme je l'entends pas comme tu en as envie. La dernière fois que je t'ai vue, j'étais dans la rue, tu passais sur le trottoir d'en face, j'ai voulu t'appeler, mais aucun son n'est sorti de ma bouche. Je ne savais pas comment faire, avec quels mots... Françoise, madame, mademoiselle, ma... ? Je suis restée les bras ballants à te regarder passer, muette. J'ai jamais oublié, c'est pour ça que je suis là, une envie de trouver un peu de chaleur qui console et me rapproche de toi pour apprendre à te prononcer, ma... man.

La Mère : Chut ! Parle pas trop fort je suis sur écoute. Tu parles comme un député européen, ridicule. Enfin quand même, t'aurais dû me dire que tu venais j'aurais fait mes racines.

La Fille : Flagrant délit de négligence esthétique, tu vas pas dormir pendant au moins un mois maman ! *(Elle prend la télécommande, la Mère panique.)* T'inquiète pas je baisse juste le son.

La Mère : Je sais pas comment tu fais pour sortir comme ça, t'es pas assez maquillée comment je dois te le dire ! Un homme ça s'accroche pas avec des chaussettes, faut du féminin qui dépasse. Ensuite tu harponnes et tu ferres le tourteau pour en faire ce que tu veux, les poches d'abord, et ensuite tu trempes le reste dans la mayo et tu te régales ! Une petite bouchée par jour.

La Fille : Pourquoi t'as pas protégé les tiens, maman, au lieu de les pondre comme des glaçons ? T'aurais dû te rendre avant que ton petit grain s'installe. Prendre ton humilité sous le bras et chercher de l'aide au lieu de gober tes calmants. On n'y arrive pas tout seul dans une vie maman, faut inviter de la confiance. C'est vrai que t'étais belle maman, tu l'as grattée cette beauté, jusqu'au bout. Mais le temps passe, le manque d'épaisseur chargé de courants d'air et l'abus d'habitacle bien carrossé, ça crée des tourments ! Il faut avoir les moyens de tout refaire au fur et à mesure, quand on n'accepte pas le temps qui passe. Ton miroir, c'est un vendu de collabo, d'alouette à la noix qui t'a fait faire n'importe quoi en échange d'un reflet de pacotille. Maman.

La Mère : J'ai tellement maigri que je mets des strings maintenant. Regarde.

La Mère se déshabille et court de long en large en string.

La Fille : S'il te plaît j'ai pas envie de te voir toute nue. *(Elle crie.)* Maman. *(Silence.)* Rhabille-toi. Rhabille-toi je te dis. T'as toujours dépassé les limites, toujours imposé tes formes de belle plante sans sève. C'est vrai que tu t'abîmes pas t'es en plastique, mais t'as sacrément pris la poussière.

La Mère cesse de courir, se rhabille et pleure.

La Mère : T'es envieuse je le sais bien ! Tu ferais mieux de me remplir le frigo, je mange plus depuis que t'es partie, ça fait tellement d'années, j'ai presque failli disparaître moi aussi, qu'est-ce que tu crois, que t'es la seule ?… J'ai une de ces faims. Je sais pas encore si je vais épouser Alain Delon ou revenir avec ton père. J'hésite ! Éventuellement ton père, mais va falloir qu'il maigrisse, j'aime pas les gras du bide, c'est vulgaire. Sois gentille ma chérie, y a un genre d'Africain dans ma chambre, il dort depuis quelques jours faut lui dire de partir ça sert à rien d'insister… Je sais pas comment il est rentré celui-là. Je raffole pas des noix de coco ! Dis-lui que je couche plus j'ai toujours mes règles, d'ici que je tombe enceinte, je peux déjà pas me nourrir alors une bouche de plus.

La Fille : Ça y est tu t'envoles ?… Très bien je vais lui dire, t'inquiète pas. T'as pleuré toute ta vie, il est peut-être temps d'arrêter, désolée, je voulais pas te faire de peine.

La Mère : Personne ne veut jamais me croire mais je suis suivie, un genre de détective qui n'arrête pas de prendre des photos, comment veux-tu que je refasse ma vie…

La Fille : Je vais le signaler à la gendarmerie.

La Mère : Mais enfin qu'est-ce qui te prend. Je veux pas lui créer d'ennuis à ce paparazzi. C'est compliqué d'être belle tu sais…

La Fille : C'est vrai que t'as pas eu de chance. C'est pas ta faute si le prince charmant n'est pas venu, il débarque jamais à Limoges, y a que les champignons qui rappliquent en automne qui valent le coup, et en plus faut se donner du mal pour les trouver, ils poussent pas sous le pied de l'étalon du prince, ils jouent à cache-cache avec les fougères. Mais ça tu t'en fous ! Tu voulais de l'amour et des billets de banque, pas une fricassée de bolets.

La Mère : Qu'est-ce qu'il devient ton père, il vit avec qui maintenant ? Faut qu'il me rende mon oseille le salaud, qu'il se bouge son arrière-train de baiseur pour autre chose que de la MST de campagnarde. Toi aussi t'es en taule ma petite fille, t'as pris perpète qu'est-ce que tu crois, on est pareilles toi et moi. Et puis entre nous, le vote pour les femmes c'est pas forcément une bonne chose… faut savoir rester à sa place, regarde ce que ça m'a valu d'essayer d'être libre. J'ai tout perdu, on m'a tout pris. Va pas tenter le diable comme moi. Je me suis fait faire un blouson en cuir rouge, copie de celui de France Gall. Qu'est-ce que t'en penses ? J'existe. Et je résiste ! *(En chantant.)* « *Je prouve que j'existe !!!* »

La Fille : Moi aussi je t'aime. Maman. Même si t'as pas réussi à trouver la paix avec un peu de liberté, au moins t'as essayé. Il m'a fallu du temps pour me sortir de ce que tu m'as donné à sentir de moi. Tellement collé à ma peau, tellement digéré, j'ai dû le vomir des années durant, me retourner les entrailles avant de passer à autre chose ! Faut couper la transmission douteuse avant d'envoyer du beau, ça demande un travail de restauration minutieux qui réussit pas toujours, une opération délicate à cœur ouvert pour l'authentique, le goût du vrai. Il te va bien ce blouson rouge, t'es belle maman.

La Mère : Tu dis pas ça pour me faire plaisir ?

La Fille : Non, promis. Ton string rouge assorti aussi.

La Mère : Oui, je trouve qu'il me fait de belles fesses, il était temps que j'en mette tu te rends compte avant j'osais pas ! C'est fou je bouge pas, je prends pas une ride. Ça les rend toutes jalouses. Sauf toi, tu sais bien que c'est moi la plus belle, depuis que t'es née t'es au courant ! *(Silence.)* J'ai jamais aimé la glace mais j'ai les pieds figés dedans, comme une gourde. En y repensant je t'ai peut-être même accouchée sur une banquise ma pauvre puce, quelle idée j'ai eue là ! Glacés, y a que les marrons que j'aime comme ça, tu te souviens on en achetait des brisures sur la route de Toulouse le dimanche.

La Fille : Oui, s'avaler quelques brisures en plus, c'était presque un acte poétique pour deux paumées ! J'aime plus ça maman, les choses cassées, les petites moitiés. J'ai choisi le clan des entières qui collaborent au vivant.

La Mère : Prétentieuse, je comprends rien de ce que tu dis.

La Fille : J'aimerais te faire sentir ce que je ressens, maman… ce que ça fait de monter dans le train, d'être vivante, de laisser courir les doigts dans le pantalon d'un homme pour lui faire autre chose que les poches. J'étais pas capable de t'emmener voir la mer fallait que je reprenne des forces. Le temps m'a remis de la chair un peu partout, j'ai plus peur de te prendre sous le bras, j'ai lâché mes envies de mourir tous les quarts d'heure, je vole de l'amour comme une droguée. Maintenant qu'on m'a transfusé de l'égoïsme en urgence, j'ai passé le cap « gentille fille ». Rassure-toi je suis juste là pour moi. Virage « j'y suis pour rien », option « chacun sa route » que ça n'empêche pas de circuler côte à côte en évitant les fossés. On y va ? Je t'emmène voir l'océan.

La Mère : Ils t'ont donné ton permis ?

La Fille : Après plusieurs sorties de route. On va fêter tes trente-six printemps.

La Mère : Je dois pas abuser mais je veux bien une petite coupette ! Dis à ton fils que si jamais il m'appelle mamie je lui fais bouffer ses mocassins, j'ai un prénom, comme tout le monde. Laisse-moi le temps de mettre ma plus jolie robe.

Elle prend une robe longue blanche à dentelles qu'elle sort du placard. Regarde sa fille. Et va dans la pièce à côté.

La Fille : Je viens d'un endroit peu ordinaire, c'est ça le plus important… Cet effacement de l'identité maternelle qui se dissout dans la bouche par manque de chaleur et qui laisse sans voix m'a donné la force de prendre la parole, ça s'invente pas, ça se décide. Pour ça faut plus avoir peur de tomber, et une bonne dose de courage.

*Formée à l'École internationale de théâtre Jacques Lecoq de 1988 à 1990, Meriem Menant commence sa vie d'Emma la clown en duo avec Gaetano Lucido en 1991. Après quatre ans de tournées ensemble, Emma commence à écrire ses propres textes et à créer ses solos (*Emma la clown : l'Heureux Tour, Emma sous le divan, Emma en Afghanistan, Dieu est-elle une particule ?, Emma voyante extralucide, Emma Mort*). Elle joue aussi avec des partenaires : Gérard Morel, chanteur, Anatole Khelif, mathématicien, et Catherine Dolto avec qui elle anime trois conférences-spectacles depuis une dizaine d'années. Elle a écrit sa biographie* Emma est moi, *publiée chez Bayard en 2015.*

Meriem Menant

Retour au mammouth

EMMA LA CLOWN

EMMA : On m'a demandé de réfléchir sur c'est quoi le courage.
Qu'est-ce que ça m'inspire et tout… C'est gentil de me demander…
Ça a pas été facile ! Ah ça non ! Il a fallu que je prenne mon courage à deux mains, parce qu'à un moment j'ai failli renoncer ; ça a pas été facile.
J'ai commencé par le dictionnaire, pour avoir une base. Rien que de le porter jusqu'à la table, ça demande du courage ! 3,5 kg quand même !
« Courage : n. m. (de cœur), force de caractère, fermeté que l'on a devant le danger, la souffrance ou dans toute situation difficile à affronter… *Cette femme a du courage.* Bravoure, vaillance… » *(Elle le lit deux fois.)*

Tu sais quoi, j'ai pensé le courage dans le temps...
Comment ça a commencé quoi...
Le néandertalien, il y a deux cent mille ans, c'est pas tout jeune, le néandertalien qui se retrouve en face du mammouth énervé, en sachant que le néandertalien il est probablement en hypoglycémie, il a faim. En face du mammouth énervé, le néandertalien, il sait qu'il doit choisir entre prendre ses jambes à son cou (ou ses pattes à son cou ? je sais pas où on en était à l'époque) – donc prendre ses jambes à son cou et s'enfuir sans demander son reste –, et attaquer le mammouth pour le manger et nourrir sa tribu. Choisir entre sa peur et sa faim et celle de sa tribu et finalement de tous ses descendants, parce que même si il a pas fait son arbre généalogique, le néandertalien il sait qu'il en est qu'au début de la lignée, y a pas grand monde avant lui. Bon alors qu'est-ce qu'il fait le néandertalien ? Il prend son courage et son gourdin à deux mains et il affronte le mammouth. Il affronte le mammouth !!!
Là il y a courage ! Face à la peur, à la faim, et aux descendants multiples qui attendent dans les siècles à venir, il y a courage chez Neandertal. Y a pas à tortiller.
Bon.
Plus tard dans le temps, je dirais qu'on est en 1000 après J.-C. – je pourrais en parler de J.-C. parce qu'assurément y a courage dans son cas, mais on va croire que je fais du favoritisme –,

on doit être aux alentours du Moyen Âge, le preux chevalier de La Druette, je dis un nom au pif, est amoureux de la fille de l'ennemi de son père, Euside de La Bolette, pareil j'invente des noms. C'est la fille de son ennemi de famille, mais il l'aime. Il la veut pour femme pour la vie ; faut dire qu'ils vivaient pas longtemps au Moyen Âge, ça joue sur l'engagement à vie. Il chafaude un plan pour l'enlever : il grimpe le château fort ennemi, il estourbit les gardes, endort la jeune fille, repart avec sur son dos, et patati, ils se marient, des guerres vengeresses sont déclarées, le preux chevalier de La Druette part se battre parce qu'il n'a pas grand-chose d'autre à faire à cette époque, si encore il voulait cultiver la terre ou tricoter des selles de cheval ça l'occuperait, non, il préfère conquérir-guerroyer-trucider, tous ces machins violents qui soi-disant demandent du courage, mais je ne m'attarde pas là-dessus sinon je vais m'énerver.

Le moment où il a enlevé sa future mariée, il lui en a fallu du courage pour escalader le château, au risque de se faire attraper, torturer et tout le toutim. Par amour ! Par amour !!! Il y a force de caractère devant le danger, c'est sûr. Même si ça a pas la même gueule que le mammouth.

Encore un peu plus tard on est en 1800 et des brouettes. C'est l'aube, à l'orée d'un bois, deux hommes en habit se retrouvent, entourés de

deux témoins et d'un huissier, pour se battre en duel comme ils appellent ça ; forcément ils sont deux, z-allaient pas se battre en truelle ; il doit y avoir courage pour aller perdre la vie, de si bonne heure, une chance sur deux quand même c'est pas lourd, pour une histoire de gant reçu sur la joue, sans la main à l'intérieur ça peut pas faire mal mais l'honneur est atteint, ça ne peut pas se passer comme ça et bang !
Il en faut du courage pour se lever avant l'aube et aller dans le froid et la noirceur en sachant que c'est peut-être la dernière fois…
En deux cent mille ans on est passés de : attaquer le mammouth, un bestiau de 4 m de haut et des centaines de kilos de poils, pour pas mourir de faim, à se lever à l'aube pour laver son honneur sali par un gant.
Les urgences se déplacent avec la civilisation…
Et au XXIe siècle… Ça serait quoi le courage pour les vraies gens ?…
Celui qui grimpe l'Everest, qui risque sa vie à grimper l'ingrimpable, équipé en cosmonaute, et qui plante son drapeau au sommet, il en a du courage ?
Ou celui qui gagne le concours du plus gros mangeur de boudin, il s'est quand même avalé 2 m de boudin le gars, il lui en faut pas du courage ?
C'est pas le même courage quand même…
Et dans les deux cas… on s'en fout un peu non ?
Je veux dire que ça concerne que une personne,

que lui tout seul ; et avec 7 milliards d'humains peut-être que le courage aujourd'hui ça serait d'impliquer un peu plus de monde que son quant-à-soi-même…

Comme cette dame de la terre qui plante des tomates qui sont pas répertoriées dans le Catalogue national des plantes autorisées par les savants de l'État, elle les élève, les fait mûrir, les égraine, les fait sécher, les met en sachets et elle les vend, elle est hors la loi. Ce qu'elle fait est punible, mais elle le fait quand même, en catimini, parce qu'elle aime les vieilles tomates ! Elle est pas dans la loi, la terrienne, elle risque, elle est ferme face au danger. Il y a mammouth quelque part, non ? Ou cette autre personne, encore une dame, c'est un hasard, qui habite une petite maison avec son mari et leurs cinq bambins, et devant sa maison y a un pont et sous le pont y a des cartons et sur les cartons y a des personnes d'un autre pays qui dorment dessus – pas parce que c'est dans leur culture, parce que c'est une fourniture gratuite et pratique au niveau de la protection thermique c'est connu dans le monde entier les pauvres se passent le tuyau –, la dame qui donne à manger à ces personnes en latence de pays et qui leur prête sa salle de bains pour rester propres parce que ça aide à garder la dignité, et que la dignité c'est important quand t'as plus que les cartons, elle brave la loi qui interdit d'aider la misère des pays lointains, la dame,

elle a le courage. Parce qu'elle risque. Pour les autres.
Ça ressemble un peu à l'histoire du Neandertal qui veut nourrir sa tribu, non ?
Ou bien encore cette personne, qui travaille dans une banque de renom planétaire, et qui voit qu'il y a du louche dedans, de la triche quoi, beaucoup d'argent qui prend des embarcations de fortune pour transiter les paradis fiscaux comme on appelle ça, et cette personne elle garde en catimini les preuves de la grande tricherie internationale qui crée le malheur et les gens sur les cartons c'est prouvé, et cette personne dénonce au grand jour le grand binz. Elle est seule face au mammouth. Et elles sont aiguisées les défenses du mammouth si tu vois ce que je veux dire. Il y a courage là non ?…
Peut-être qu'on est revenus au Neandertal sans s'en rendre compte, et que le mammouth il a changé de forme… Moins gros… Mais plus puissant…
Quand je pense à toutes ces dames qui risquent pour les autres…
Je me sens lâche.
Peut-être que le courage, ça serait de se réveiller…?

Collection des quatre-vents

Classique

Agrell Alfhild, *Sauvé* (texte français de Corinne François-Denève)

Bourdet Édouard, *Le Sexe faible*; *Les Temps difficiles*

De Filippo Eduardo, *Homme et galant homme*; *Naples millionnaire* (textes français de Huguette Hatem)

De Musset Alfred, *Histoire d'un merle blanc*

Euripide, *Médée* (traduction de Daniel Mesguich)

Feydeau Georges, *La Puce à l'oreille*

Machiavel Nicolas, *La Mandragore* (texte français de Gilles Costaz)

Rattigan Terence, *La Version Browning* (texte français de Patrice Kerbrat)

Schwartz Evgueni, *Le Dragon*; *L'Ombre*; *Le Roi nu* (textes français de Simone Sentz-Michel)

Strindberg August, *La Danse de mort*

Tchekhov Anton, *Le Génie de la forêt* (texte français de Simone Sentz-Michel)

Thomas Dylan, *Au bois lacté*

Williams Tennessee, *Un tramway nommé Désir,* suivi de *Tokyo Bar* (textes français de Jean-Marie Besset)

Contemporain

Abraham-Kremer Bruno, Juresco Corine, *J'ai terriblement envie de vivre* (d'après les écrits d'Anton Tchekhov)

Alègre Jean-Paul, *Théâtrogrammes*; *Duo Dom-Tom*; *La Maladie du sable*; *Deux tickets pour le paradis*; *Côté courtes*; *Jeux de planches*; *Agnès Belladone*; *Le Palais des cinq sens* ; *La Ballade des planches* ; *Moi, Ota, rivière d'Hiroshima* ; *Lettres croisées*

Al Joundi Darina, *Le jour où Nina Simone a cessé de chanter* ; *Ma Marseillaise*

ANNE Catherine, *Pièce africaine,* suivi de *Aséta* et de *Et vous*
AZZOPARDI Sébastien, DANINO Sacha, *La Dame blanche*
BELLESCIZE Côme de, *Eugénie*
BENFODIL Mustapha, *Clandestinopolis*
BESSET Jean-Marie, *Un cheval*; *Perthus*; *R.E.R.*; *Jean Moulin Évangile*
BLOTNIKAS Sylvie, *Édouard dans le tourbillon*
BRÉHAL Nicolas, *Bonjour maîtresse*
BROT Muriel, DE MARTRIN-DONOS Régis, *Diderot bagarre* (d'après la correspondance de Denis Diderot)
BRUNHES Olivier, *Le Fossé de l'aumône*; *Rêve d'A.*; *Spirituo perpet (about God)*
CATTINO Marie-Pierre, *Elle,* suivi de *Tirée au cordeau*
COLLECTIFS : « LE PARIS DES FEMMES »
- *De bruit et de fureur*, 11 pièces courtes
- *Guerres et Paix*, 8 pièces courtes
- *La Vie : modes d'emploi*, 9 pièces courtes
- *Le Meilleur des Mondes*, 8 pièces courtes
- *Crimes et Châtiments*, 10 pièces courtes
- *Scandale*, 9 pièces courtes
COLLECTIFS : FANTAISIES
- *Fantaisies bucoliques*, 20 pièces courtes
- *Fantaisies gourmandes*, 14 pièces courtes
- *Fantaisies microcosmiques (petit théâtre de bestioles)*, 23 pièces courtes
- *Fantaisies mythologiques*, 17 pièces courtes
- *Fantaisies potagères*, 22 pièces courtes
COLLECTIFS (AUTRES)
- *L'État du lit*, 7 pièces courtes
- *Les Nouveaux Caractères*, 13 pièces courtes
COONEY Ray, *Chat et Souris*; *Impair et Père*; *C'est encore mieux l'après-midi*; *Stationnement alterné* (adaptation de Stewart Vaughan et Jean-Christophe Barc); *Espèces menacées* (traduction de Stewart Vaughan, adaptation de Michel Blanc et Gérard Jugnot)
D'ABOVILLE Maxime, *Une leçon d'histoire de France* (*De l'an mil à Jeanne d'Arc* ; *De 1515 au Roi-Soleil (1715)*)

DA COSTA Bernard, *La Pension Cerisaie*
DAVIS Bill C., *Les Vœux du cœur* (texte français de Dominique Hollier)
DE CORTANZE Gérard, *Le temps revient*
DELAPORTE Matthieu, DE LA PATELLIÈRE Alexandre, *Le Prénom*
DEL CASTILLO Michel, *Le Jour du destin*
DELL Jean, SIBLEYRAS Gérald, *Un petit jeu sans conséquence*
DE MARTRIN-DONOS Régis, *Le garçon sort de l'ombre*; *Diderot bagarre* (d'après la correspondance de Denis Diderot)
DES CARS Jean, IDÉE Jean-Claude, *La Nuit de l'audience*
DE TOLEDO Isabelle, *Sur un air de tango*
DORIN Françoise, *Vous avez quel âge ?*; *Ensemble et séparément*
DUGOWSON Marc, *Habiller les vivants*; *Obstinés par la nuit*
DYREK Gilles, *Venise sous la neige*, suivi de *La Touche étoile*
FAYET Marc, *Jacques a dit*; *L'un dans l'autre*
FRIEL Brian, *Les Amours de Cass McGuire*; *Communication, Crystal et Fox*; *Danser à la Lughnasa*; *Guérisseur*; *Molly Sweeney*; *Philadelphie, à nous deux !*; *La Terre natale*; *Traductions*; *Amants*; *Trois pièces selon* (textes français d'Alain Delahaye)
GELY Cyril, *Diplomatie*
GRANOUILLET Gilles, *Combat*; *Hermann*
GUÉRIN Stéphane, *Neuf*
HAÏM Victor, *Chair amour*; *Jeux de scène*
HAKIM Adel, *Exécuteur 14*
HARRIS Zinnie, *Hiver*, suivi de *Crépuscule*; *Plus loin que loin* (textes français de Dominique Hollier et Blandine Pélissier)
HOLLIER Dorine, *Le Donneur de bains*
HOROVITZ Israël, *Trois semaines après le paradis*
IDÉE Jean-Claude, *Ovide était mon maître*
INGEY Yedwart, *La Fille aux rubans bleus*
JAOUI Agnès, BACRI Jean-Pierre, *Cuisine et dépendances*; *Un air de famille*
KACIMI Mohamed, *Terre sainte*
KATCHA Vahé, *Le Repas des fauves*
KEMPER Stanislas, *Côté sauvage*
KETELBUTERS Alban, *Un peu de nuit*

KOCH Clément, *Sunderland*

KRAEMER Jacques, *Le Home Yid*

KUSHNER Tony, *Angels in America* (texte français de Pierre Laville)

LABRUSSE Eudes, *Les Hommes de rien*; *Nalia, la nuit*; *Le Rêve d'Alvaro*; *Elias Leister a disparu*

LABUTE Neil, *Bash*, suivi de *Providence* (textes français de Pierre Laville)

LACROIX Carine, *Burn baby burn*; *Une fille sans personne*

LAMBERT Chloé, *La Médiation*

LEIGH Mike, *Abigail's Party* (texte français de Gérald Sibleyras)

LLOYD Lilian, *Comme un arbre penché*

MAGELLAN Murielle, *Pierre et Papillon*

MARIE Emmanuelle, *Blanc*

MARTIAL Alain-Kamal, *Papa m'a suicideR*

MESGUICH Daniel, *La Lettre des sables*

MICHAKA Stéphane, *Le Cinquième Archet*; *La Fille de Carnegie*

MODE Becky, *Un monde fou* (texte français d'Attica Guedj et Stephan Meldegg)

NAMIAND Arlette, *Oma*

NOTTE Pierre, *Bidules trucs*; *Les Couteaux dans le dos*; *Deux petites dames vers le nord*; *Et l'enfant sur le loup*, suivi de *Se mordre*; *Journalistes*; *Moi aussi je suis catherine deneuve*; *Sortir de sa mère*; *La Chair des tristes culs*; *Perdues dans Stockholm*; *C'est noël tant pis*; *Demain dès l'aube*; *Sur les cendres en avant*; *Ma folle otarie (et autres monologues)*; *L'Histoire d'une femme*

ŒSTREICHER-JOURDAIN Marianne, *Fermé pour cause de guerre*

PAYNE Andrew, *Le Plan B*; *Synopsis*, suivi de *Squash* (adaptations de Vanessa Chouraqui et Robert Plagnol)

PIRANDELLO Stefano, *Un père, il en faut bien un* (texte français de Myriam Tanant)

PLIYA José, *Amour, Colère et Folie* (adaptation du roman de Marie Vieux-Chauvet); *Cannibales*, suivi de *Pudeur*; *Le Complexe de Thénardier*; *Mon petit Poucet*, suivi de *Monsieur, Blanchette et le Loup*; *Les Effracteurs*, suivi de *Nous étions assis sur le rivage du monde...*; *Une famille ordinaire*, suivi de *Miserere*; *Parabole*; *Quêtes*; *La Sœur de Zarathoustra*

Poiret Jean, *Joyeuses Pâques*

Rabeux Jean-Michel, *Peau d'Âne* (d'après Charles Perrault), suivi de *La Petite Soldate américaine*

Raccah Hadrien , *Voyage pour Hénoch*

Rassov Gabor, *Mélodrame(s)*

Rault Antoine, *La Vie sinon rien*

Razoumovskaïa Ludmilla, *Chère Elena Sergueievna*

Riou Alain, Boulan Stéphane, *Hitch*

Reverho Christine, *Chocolat Piment*

Roger-Lacan Fabrice, *Cravate club,* suivi de *Chien-Chien*; *Quelqu'un comme vous*

Ruquier Laurent, *Je préfère qu'on reste amis*

Sachs Alain, *Un amour de théâtre*

Shaffer Peter, *Amadeus* (adaptation de Pol Quentin)

Schisgal Murray, *Les Dactylos,* suivi de *Le Tigre* (adaptation de Laurent Terzieff) ; *Love,* suivi de *Les Chinois* (adaptation de Pascale de Boysson et Maurice Garrel)

Schrader Paul, *Cleopatra's Club* (adaptation d'Élisabeth Quin)

Siméon Christian, *Le Cabaret des hommes perdus* ; *Landru et fantaisies* ; *Théorbe* ; *Hyènes,* suivi de *Radeaux, La Vénus au phacochère* ; *Les Eaux lourdes* ; *Brûlez-la !*

Tabet Karine, *À l'ombre*

Tesson Stéphanie, *Monologues en plein champ*, suivi de *Cœur de laitue*

Thiéry Sébastien, *Dieu habite Düsseldorf*; *Sans ascenseur*

Vier Jean-Michel, *La Traversée de Samuel R.*

Visdei Anca, *La Patiente ou Femme-Sujet*

Worms Jeannine, *Pièces pendulaires*

Zeller Florian, *Une heure de tranquillité*

Zilberstein Guy, *Les Naufragés*

Inédit

Bourgeade Pierre, *Berlin, 9 novembre*

Chenus Sylvie, *Saga de la gare du Nord*

Collectif, *Queneau que si !*

DUGOWSON Marc, *Dans le vif* (Grand Prix de littérature dramatique); *Un siècle d'industrie*
GRANOUILLET Gilles, *Nuit d'automne à Paris*
KHAZRAÏ Parviz, *Mémoires d'une marionnette*
LABRUSSE Eudes, *Le Voyage du soldat David Sorgues*
LARAGIONE Lucía, *Cocinando*
MARCHAIS Stéphanie, *Dans ma cuisine je t'attends*
NOTTE Pierre, *Clémence, à mon bras*
SCHISGAL Murray, *Le Regard* (adaptation de Pascale de Boysson)
SIRJACQ Louis-Charles, *Boulevard au crépuscule*; *Les riches reprennent confiance*
TESSIER Jacques, *L'Ombre si bleue du cœlacanthe*

HUMOUR
ALLAIN Bruno, *Assassinez-moi !*
FAZER Léa, *Porte de Montreuil*
FENWICK Jean-Noël, *Les Palmes de monsieur Schutz*
GUITRY Sacha, *Un type dans le genre de Napoléon,* suivi de *Une lettre bien tapée, Une paire de gifles* et *L'École du mensonge*
LARRIAGA Jean, *Les héros sont récurrents*
SIRJACQ Louis-Charles, *Les riches reprennent confiance*
WORMS Jeannine, *Pièces culinaires*

JEUNESSE
ALANE Valérie, *Mister Cauchemar*
ALÈGRE Jean-Paul, *C'est nous les loups,* suivi de *On a volé la lune*
BAUER Jean-Louis, *La Planète Prosper*
DALLE Irina, *Le Destin de Célestin*
DAUMAS Jean-Paul, *Les Sorcières*
DEMARCY Richard, *L'Enfant d'éléphant*
LABRUSSE Eudes, *Le Collier de perles du gouverneur Li-Qing,* suivi de *Monsieur et Monsieur*
PAQUET Dominique, *Les Tribulations d'une pince à glace,* suivi de *Général Courant d'air*
TESSON Daphné, *On a perdu la Lune !*

VISDEI Anca, *Peau d'Âne*; *Le Secret des pommes d'or,* suivi de *La Princesse et l'Architecte*; *La Princesse mariée au premier venu*

FIGURES

AVRON Philippe, *Carnets d'artiste*

RECUEILS

GALLAIRE Fatima, *Théâtre 1 (Princesses*; *La Fête virile*; *Les Coépouses* ; *Au loin, les caroubiers*; *Rimm, la gazelle)*

HAÏM Victor, *Théâtre 1 (Abraham et Samuel*; *Comment harponner le requin*; *La Visite)*

POIRET Jean, *Théâtre 1 (La Cage aux folles*; *Douce-Amère)*

ZELLER Florian, *Théâtre 1 (Le Manège* ; *L'Autre* ; *Si tu mourais...* ; *Elle t'attend* ; *La Vérité* ; *La Mère* ; *Le Père)*

COLLECTION DES QUATRE-VENTS | RENAULD & RICHARDSON

BRANT George, *Clouée au sol* (texte français de Dominique Hollier)

HAMPTON Christopher, *Rimbaud/Verlaine. Éclipse totale* (adaptation de Didier Long)

NAYLOR Henry, *Cauchemars d'Orient* (*Traducteurs, Échos, Mon ange*, textes français de Dominique Hollier et Adélaïde Pralon)

Cet ouvrage a été achevé d'imprimer en juin 2017
sur les presses de la Nouvelle Imprimerie Laballery, 58 500 Clamecy
pour le compte de la
Collection des quatre-vents
Dépôt légal : juin 2017
Imprimé en France
Numéro d'impression : 705240

La Nouvelle Imprimerie Laballery est titulaire de la marque Imprim'Vert

Directeur de la publication : Philippe Tesson
Directeurs éditoriaux : Anne-Claire Boumendil, Olivier Celik
Suivi éditorial : Angéline Albouze

L'avant-scène théâtre

75, rue des Saints-Pères, 75006 Paris
www.avantscenetheatre.com